おいしい酒肴《おつまみ》は白飯にも合う。

栗原心平

平凡社

おいしいおつまみって、
白いごはんにも合うよね。

そんな〝ひと言〟から生まれた本です。

乾杯♪
お酒にもごはんにも
ピッタリのレシピ、
はじまり、はじまり。

ソーダ水を注いで……

マドラーを
二回転半……

CONTENTS

本書の決まり、のようなもの。

◉小さじ1＝5ml、大さじ1＝15ml、ひとつまみ＝約1gです。
◉醤油は濃口醤油、オリーブ油はエクストラバージンオリーブオイルのことです。
◉「塩」は粒子が大きめの天然塩を使用しています。精製塩でつくる場合は、塩の分量を少なめにしてください。
◉野菜のこと———とくに表記のない場合は、洗う、皮を剝くなどの下処理をしてからの手順を示しています。
◉塩、胡椒などの調味料、油脂類やハーブは「適量」と表記している場合があります。つくる量やお好みによって調整してください。
◉材料の分量や加熱時間などは目安です。様子を見ながら加減してください。

おつまみおかず 1

さっぱり酒肴

「みなさん、今日も、いいお酒を呑んでいますか?」

ということで、栗原心平といえば、やっぱり〝おつまみ〟ですよね?（笑）

〝おつまみ〟というとお酒のおとも。それがセオリーですが、この本で紹介するのは《お酒にもごはんにも合うレシピ》。その第一弾は「さっぱり酒肴」で。お酒のおつまみだろうと、ごはんのおかずだろうと、一品めは「さっぱり」とイキたいものです。それに、夜中に食べても罪悪感が少ない。さあ、さっそくつくっていきましょう。

「さっぱり酒肴」の筆頭は、なんといっても〝出汁浸し〟でしょう。お好みの野菜を、出汁に浸すだけで格段においしさが増して、乾杯の一品めに、ごはんのおともにと万能です。いろいろな野菜でできますが、ここでは「小松菜」を。なにかと比較される「ほうれん草」よりもアクやクセが少なく生食もオーケーです。歯ごたえも残したいので、茹で時間はさっと短く、ね。鉄則です。

小松菜の出汁浸し

茹で加減が勝負です

材料（つくりやすい分量）

小松菜………………… 1袋

Ⓐ かつお出汁 …… 300ml
酒 ………………… 大さじ1
みりん ………… 大さじ1
薄口醤油 ……… 大さじ1
塩 ………………… 小さじ1

つくり方

1

鍋に湯（分量外）を沸かし、**小松菜**を茹でる。
茎の部分を湯に入れて5秒、葉までのすべてを湯に沈めて10秒茹でて、すぐに冷水にとる。

2

しっかりと冷めたら水気を絞り、5cm長さに切る。

3

小鍋にⒶを入れて中火にかける。塩が溶けて酒が飛んだら、火を止めて冷ます。

4

しっかりと**3**が冷めたら**小松菜**を浸し、しばらく冷蔵庫で味をなじませる。

小松菜を茹でるには、“お尻5秒”＋“葉10秒”

パリッ＆カリッとした軽い歯ざわりに味噌の風味がたまらな〜い。 コツは味噌のタイミング。塗ってから焼くと、油揚げがヘナヘナになり、味噌もコゲてしまいがち。なので最初はそのまま油揚げをトースターに。パリッとしたらいったん取り出して味噌を塗り、ふたたびトースターに。ふつふつしはじめたら、いいタイミング。たっぷりの薬味をのせてどうぞ。

油揚げのパリ味噌焼き

お味噌のタイミングは、ある程度、焼けてから

材料(2人分)

油揚げ………………… 2枚

Ⓐ 味噌 …………… 大さじ1と1/2
みりん ………… 大さじ1/2
醤油 …………… 小さじ1/2
砂糖 …………… 小さじ1/2

長ねぎ………………… 10cm
大葉…………………… 3枚
茗荷…………………… 1個
削りがつお ………… 適量

つくり方

1

小鍋にⒶを入れて中火にかける。
混ぜながら溶かし、**砂糖**が溶けたら火を止める。

2

長ねぎ、**大葉**、**茗荷**は細かいみじん切りにして合わせる。

3

予熱したオーブントースターで、**油揚げ**を焼く。
パリッとしたら取り出して、**1**を塗り、
もう一度、オーブントースターで焼く。

4

器に盛り、**2**をこんもりとのせ、**削りがつお**をふりかける。

レモン ハムウンセン

〝ハムウンセン〟とはなんぞや? はい、タイ料理好きの方はピンとくるはず。ハム、ハム、ハム、ハム……ヤム! そうです、おなじみヤムウンセン、つまり春雨サラダのこと。春雨にきゅうり、ハム、きくらげ、と異なる食感がじつに絶妙で。レモンを利かせた爽やかさも、あとを引くおいしさです。

深夜でも怖くない、ヘルシーメニュー

材料（2〜3人分）

緑豆春雨……………………… 90g
きゅうり ……………………… 1本
ハム…………………………… 3枚
きくらげ（乾燥）……………… 4g
にんにく（みじん切り） …… 1片分

Ⓐ レモン果汁 …………… 大さじ3
ナンプラー …………… 大さじ2
砂糖 …………………… 小さじ2
オイスターソース……… 小さじ1
香菜（みじん切り） …… 1本分（2g）

レモンの皮 ………………… 適量

つくり方

1

春雨は沸騰した湯で戻し、水気を切って食べやすい長さに切る。
Ⓐを混ぜ合わせておく。

2

きくらげはぬるま湯で戻し、千切りにする。
沸騰した湯にサッとくぐらせ、水切りをする。

3

きゅうりは千切りに、**ハム**は半分に切ってから千切りにする。

4

ボウルに**春雨**、**きくらげ**、**きゅうり**、**ハム**、**にんにく**を入れて合わせ、Ⓐを加えてよく混ぜ合わせる。

5

器に盛り、**レモンの皮**をおろしかける。

鯵のしっとり酢じめ

魚をおいしく長持ちさせるための、先人たちの知恵。それが“酢じめ”です。しっかり、キチキチッと酢が入った酢じめは江戸前らしさがありますが、初夏、脂がのった鯵ならば、しっとり、ややレアに仕上げましょう。まずは塩で水分を抜き、酢でしめますが、このとき、漬け酢が完全に冷めているように。温度が高いと身がボロッとくずれてしまうのでご注意を。

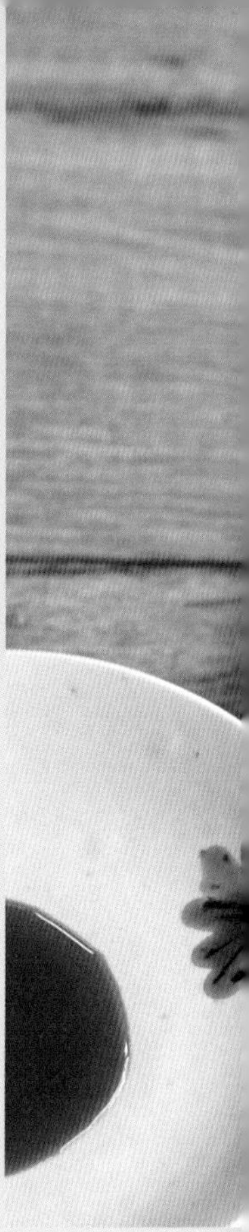

表面だけしめて、しっとりと

材料（2人分）

鯵…………………………… 2尾
塩…………………………… 大さじ1と1/3

みりん ……………………… 150ml
薄口醬油…………………… 小さじ1
塩…………………………… 小さじ1/2
酢…………………………… 大さじ3

薬味
茗荷（薄切り）／生姜（すりおろし）
大葉（そのまま）／大根（千切り）……各適宜

醬油………………………… 適宜

つくり方

1
鯵は三枚におろして骨を抜き、皮を引く。
氷水にくぐらせて身をしめ、すぐにキッチンペーパーで水気を拭き取る。
両面に**塩**をまぶし、ラップをせずに冷蔵庫で1時間30分おく。

2
小鍋に**みりん**を入れ、中火で煮詰める。
みりんが2/3量になったら、**塩**、**薄口醬油**を加えて火を止める。
そのまま冷まし、完全に冷めたら**酢**を加える。

3
鯵から水分が“にじむよう”に出ているのを確認できたら、表面の塩を冷水で洗い流す。
すぐに水分を拭き取り、バットに並べて**2**を加え、冷蔵庫で1時間漬ける。

4
少し切って味見を。
よい漬かり具合ならば、食べやすい大きさに切って盛り付ける。
★鯵の身の厚さによって漬かり具合が変わるので、「まだ味が薄いよう」だったら、さらに漬け込む。

5
お好みで**薬味**を添え、**醬油**をつけて召し上がれ。

ゆで豚の香りだれ

ねぎと一緒に茹でるだけで、保存もできるスペシャル豚レシピ。四川料理の雲白肉《ウンパイロウ》のように薄く切って、風味豊かなたれをかけて。パリッ＆シャキッとした白髪ネギを巻くようにしてどうぞ。

厚手の鍋で、ゆっくりと火を通してやわらかく

つくり方

材料（3〜4人分）

豚バラ肉（かたまり） ………400g
水………………………………600ml
酒………………………………大さじ1
長ねぎの青い部分 …………1本分

香りだれ

- 醤油 ……………………大さじ3
- みりん …………………大さじ1
- 砂糖 ……………………大さじ1/2
- 生姜（すりおろし）………1片分
- 赤唐辛子（小口切り） …小さじ1

白髪ねぎ………………………1本分

1

厚手鍋に**水**、**酒**を入れて火にかける。
沸騰したら**豚肉**、**長ねぎ**を加え、少しずらして蓋をして弱火で30分ほど煮る。

2

竹串をさして、**豚肉**がやわらかくなっていたら取り出し、食べやすい大きさに切る。

3

白髪ねぎは氷水に入れてパリッとさせ、水気を切る。

4

小鍋に【**香りだれ**】の材料をすべて入れて、中火にかける。**砂糖**が溶けて、ひと煮立ちしたら火を止める。

5

器に**豚肉**、**白髪ねぎ**を盛り、**4**を回しかける。

鰯のたたき

主役は〝鰯〟ですが、茗荷、青ねぎ、大葉をたっぷりと食べるためのメニューでもあります。薬味のポテンシャルを存分に堪能しましょう。

鰯は三枚におろして皮を引いたら、すぐに氷水に。氷水でしめることで、鮮度が落ちるのを防ぐのです。そうそう、〝たたき〟というと、包丁で粗くたたきがちですが、ここではたたかず、5ミリ幅に切った鰯をボウルでザックリ混ぜ合わせ、ふわっとした食感に。

材料(2〜3人分)

鰯……………………………… 3尾(正味約150g)
味噌………………………… 小さじ1/2
茗荷(みじん切り)………… 1個
青ねぎ(小口切り)………… 3本
大葉(千切り)……………… 5枚
醤油………………………… 適宜

つくり方

1
鰯は三枚におろして、皮を引く。
氷水にサッとくぐらせて身をしめ、すぐにキッチンペーパーで水気を拭き取る。

2
鰯を5mm幅に切り、ボウルに入れる。
味噌、**茗荷**、**青ねぎ**を加えて混ぜ合わせる。

3
器に平たく盛り、**大葉**をのせる。

4
お好みで**醤油**をつけて食べてもよい。

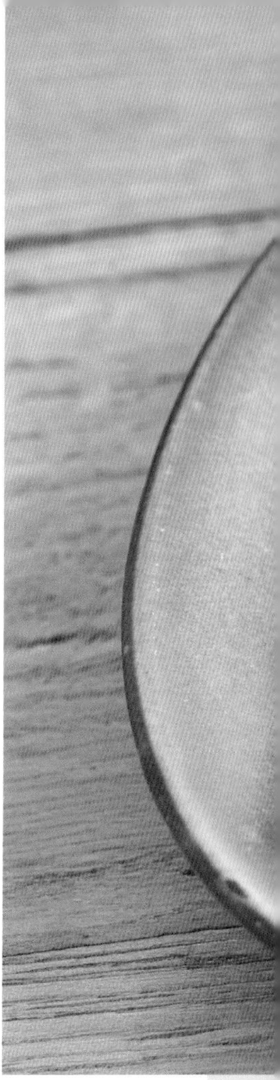

〝薬味最強説〟を実感するために

キューリさん

わが家では、ずっと〝キューリさん〟と呼んでいて。どうして敬称をつけるのかって？　だって、ほら、「きゅうりのキューちゃん」ってあるでしょ。キューちゃんよりも、ちょっと大人味だから〝キューリさん〟と敬意を表しているのです。決め手はすし酢。旨みと甘みのバランスがよく、使い勝手のいい調味料なんですよ。

キューちゃんよりも、ちょいオトナ

材料（つくりやすい分量）

きゅうり …………………… 4本

- Ⓐ 醤油 …………………… 大さじ4
- 紹興酒 ………………… 大さじ2
- みりん ………………… 大さじ1
- 砂糖 …………………… 大さじ1/2
- 花椒 …………………… 小さじ1/2

すし酢 ……………………… 大さじ3

つくり方

1

きゅうりはヘタを取って縦半分に切り、スプーンで種を取り除く。
さらに縦半分に切り、3～4cm長さに切る。

2

小鍋にⒶと**きゅうり**を入れて中火で煮る。
ときどき混ぜながら、火を通し、きゅうりが少しくったりとして、表面が色付いてきたら火を止めて冷ます。

3

しっかりと冷めたら、**すし酢**を加えて混ぜる。
冷蔵庫で冷やして、いただく。

鰹のたたき
おろし玉ねぎだれ

　鰹料理の代表選手といえば“たたき”。本来の意味は、皮を炙り、塩やポン酢、薬味をのせて押さえて（たたいて）味をなじませること。ですが、ここではなじませず、スペシャルなたれをたっぷりつけていただきます。鰹のフレッシュ感を味わいましょう。

火が入りすぎないよう、
氷水で冷やして

つくり方

1

フライパンを強火で熱し、油を引かずに**鰹**の表面を焼く。転がしながら全面を焼き付け、すぐに氷水にくぐらせて冷やす。

2

水気を拭き取り、厚めに切って器に盛る。
茗荷は斜めの薄切りにして**鰹**に添える。

3

【おろし玉ねぎだれ】をつくる。
玉ねぎはすりおろし、玉ねぎの水分が“じんわりとにじむくらい”まで水気を軽く絞る。
醤油、**酢**、**みりん**を加えて混ぜる。

4

鰹に**茗荷**、**おろし玉ねぎだれ**をたっぷりとのせて召し上がれ。

材料(3〜4人分)

鰹(刺身用)……1柵
茗荷……………2個

おろし玉ねぎだれ

玉ねぎ ……1/2個(100g)
醤油 ………大さじ2
酢 …………大さじ1
みりん ……大さじ1/2

沸騰させずに、ゆっくり、じっくりと

お手製
出汁醤油の
湯豆腐

本音をもらすと……「豆腐はごはんのおかずにならない」と思っていました。そこをクリアするために試作を重ね、たどり着いたのが、この自家製の出汁醤油です。これに薬味をプラスすると、箸が進む、進む！　豆腐の好み？　基本は絹ごし派です。ふるふるっと繊細な食感を生かせるよう、慌てず火を通しましょう。

材料（2人分）

お手製出汁醤油

- 醤油 ……………………… 200ml
- みりん ………………… 50ml
- 砂糖 ……………………… 大さじ1/2
- 昆布 ……………………… 3g
- 削りがつお（ソフトパック）
  ……………………… 1袋（4.5g）

絹ごし豆腐 ……………………… 1丁
水………………………………… 適量
昆布……………………………… 5g

薬味

- 青ねぎ（小口切り）
- 大葉（千切り）
- 茗荷（小口切り）
- 生姜（すりおろし）……… 各適宜

つくり方

1

【お手製出汁醤油】をつくる。
出汁醤油の材料をすべて小鍋に入れて中火にかける。
沸騰したら弱火にして3分ほど火にかける。
火を止めてそのまま冷まし、ザルで濾す。

2

豆腐は大きめに切る。
土鍋に**昆布**、**豆腐**、**水**を入れて中弱火にかける。
★グラグラと沸騰させてしまうと、豆腐に“す”が立ってしまうのでご注意。
★豆腐の芯まで温かくなるようにじっくりと火にかけ、ふるふるの熱い豆腐に仕上げる。

3

豆腐を器に取って、**出汁醤油**をかけ、好みで**薬味**をのせる。

まんべんなく、塩をまぶしたら、
ラップをかけず、そのまま冷蔵庫へ。

干さずにおいしい
一夜干し

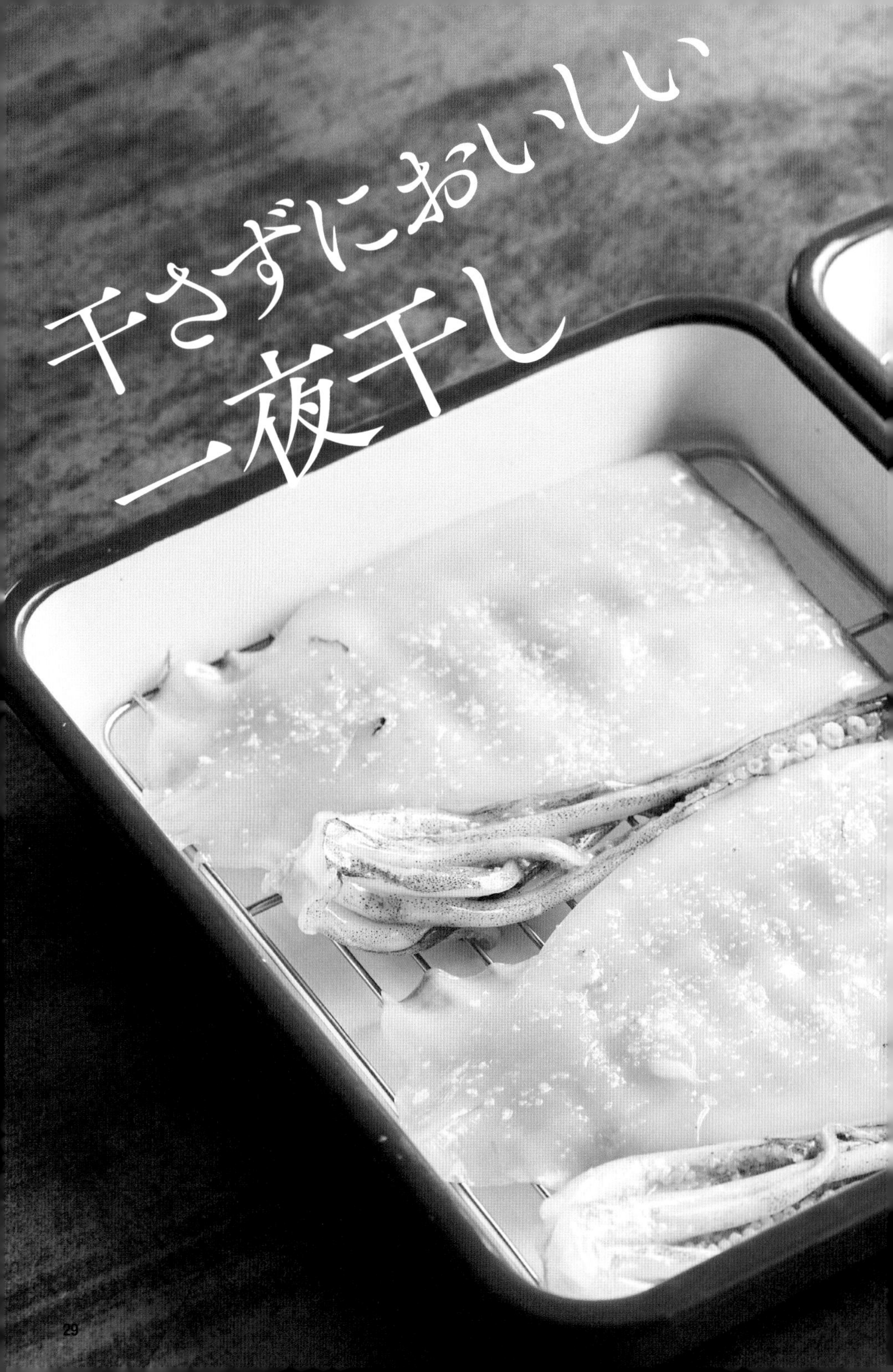

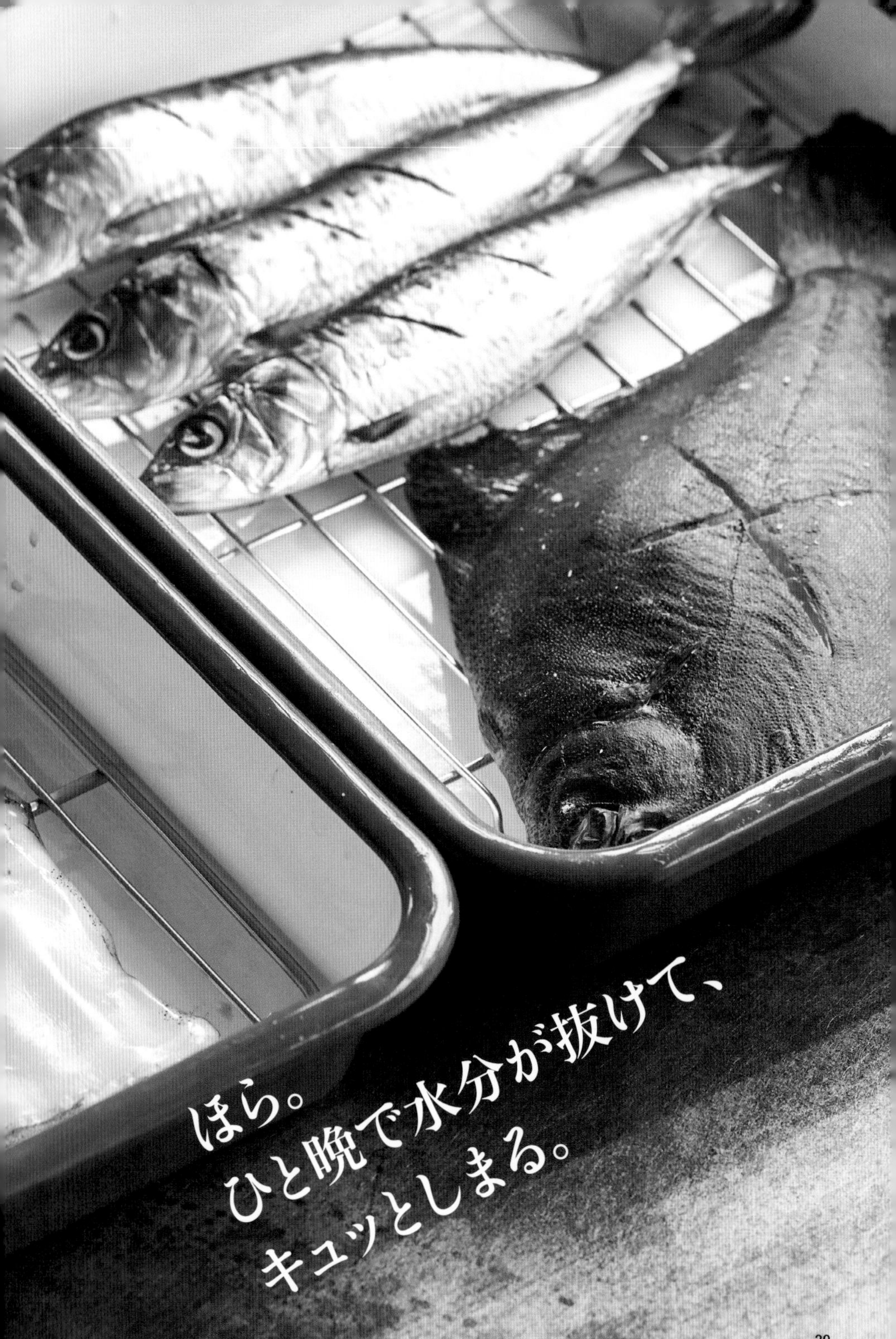
ほら。
ひと晩で水分が抜けて、
キュッとしまる。

一夜干し風いろいろ

―鰯・イカ・メイタガレイ―

鰯の一夜干し風

干物には〝天日干し〟と〝一夜干し〟などがありまして。前者は日光と風に当てて乾かし、後者は風通しのいい日陰や夜に乾燥させること。冷蔵庫ならば日に当てず、乾燥できるため、魚の脂が酸化しにくく、やわらかい食感に。

材料(1尾分)

鰯…………………………… 1尾(約80g)
塩…………………………… 小さじ1/4

大根おろし ………………… 適宜
醤油………………………… 適宜

つくり方

1

鰯は両面に、2本ずつ切れ目を入れ、**塩**をまぶす。

2

バットに網を置き、**鰯**をのせる。
ラップはせずに、そのまま冷蔵庫でひと晩おく。

3

表面が乾いていたら、焼き網や魚焼きグリルで焼く。
器に盛り、**醤油**をかけた**大根おろし**を添える。

天気も環境も気にせず一夜干しに

イカの一夜干し風

こまめに返して焼く

つくり方

1

イカはワタと軟骨を、足ごと取り除いて皮を剥き、水気をよく拭く。
胴は軟骨があった部分に包丁を入れて、身を開く。
足とワタを切り離し、胴と足に**塩**をまぶす。

2

バットに網を置き、**イカ**を並べる。
ラップはせずに、そのまま冷蔵庫でひと晩おく。

3

表面が乾いていたら、焼き網や魚焼きグリルで焼く。
食べやすい大きさに切って器に盛り、**七味唐辛子**をふった**マヨネーズ**を添える。

材料（1杯分）

イカ	1杯
塩	小さじ1/2
マヨネーズ	適宜
七味唐辛子	適宜

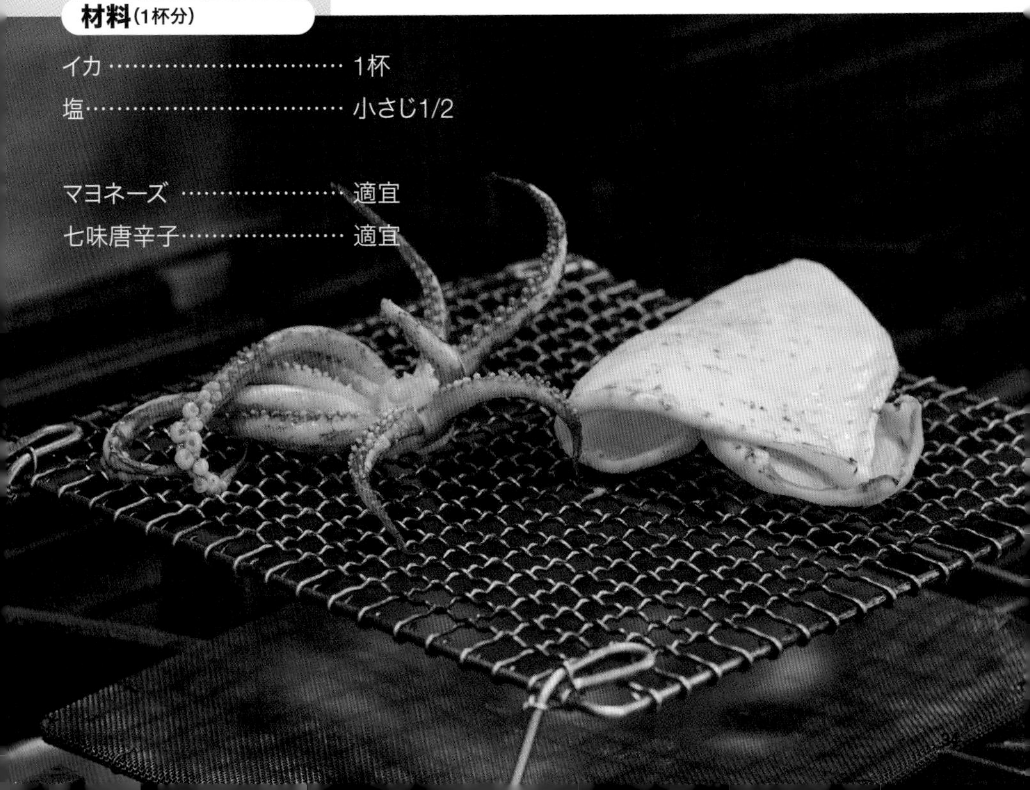

メイタガレイの一夜干し風

旨み増の、煮切り酒

つくり方

1

メイタガレイの皮目に、十字の切れ目を入れて、**塩**をまぶす。

2

バットに網を置き、**メイタガレイ**をのせる。
ラップはせずに、そのまま冷蔵庫でひと晩おく。

3

小鍋に**酒**を入れて中火で1/3量まで煮詰め、**煮切り酒**をつくる。

4

メイタガレイの表面が乾いていたら、皮目を上にして焼き網や魚焼きグリルで焼く。
焼き色が付いたら、ひっくり返す。腹側に刷毛で**煮切り酒**を塗る。

5

皮目に焼き色が付いたら返し、皮目にも**煮切り酒**を塗る。
さらに返しながら焼き、火が通ったら器に盛る。

材料(1尾分)

メイタガレイ	1尾 (250g)
塩	小さじ1/2
酒	100ml

1 動物性の脂が少ないこと。
2 味のベースは、酸味か塩味。
3 あまり素材をいじらない。
4 火入れにこだわる。すなわち、食感を大切に。
5 かつお出汁も活用して。
6 「ゆで豚」のように、脂を落とす調理法も。

おいしい酒肴《おつまみ》は白飯にも合う。

「さっぱり酒肴」の極意とは？

おつまみおかず 2

こってり酒肴

お酒と一緒につまみたいときも、ごはんやパンをしっかり食べたいときも、ちょっと濃いめの料理が欲しくなるもの。いわゆる、「ごはんが進む」ってヤツですね。ごはんだけじゃありません、グラスもついつい重ねちゃってね。

……と、晩酌する人もいれば、しない人もいて。はたまた食べ盛りのお子さんもいらっしゃる、そんなご家庭にもオススメできるメニューをそろえました。呑む人も呑まない人も一緒の料理で大丈夫。ひとつのお皿をみんなで囲んで。おっと、ひとりごはんにもいいですよ。

「豚を揚げる」というと、竜田揚げのようですが、それよりはちょっと衣が少なめで。豚の水分を飛ばすように、強めに揚げて。カリッとジューシーな揚げ豚を、風味のよい胡麻だれでいただきます！

揚げ豚胡麻がらめ

しっかり揚げて、カリッとさせて

材料(2～3人分)

豚肩ロース肉(かたまり) … 250g
塩……………………………… 小さじ1/3
黒胡椒………………………… 適量
片栗粉………………………… 適量

Ⓐ みりん ………………… 大さじ1
　酒 ……………………… 大さじ1
　白炒り胡麻 …………… 大さじ1
　薄口醤油 ……………… 小さじ1
　砂糖 …………………… 小さじ1

揚げ油………………………… 適量
かいわれ菜 ………………… 適量

つくり方

1
豚肉は7 ～ 8mmの厚さに切り、**塩**、**黒胡椒**で下味をつけて、**片栗粉**をまぶす。

2
揚げ油を180℃に熱し、**1**を揚げる。
まわりがカリッとなるまで、しっかりと揚げたら油を切る。

3
Ⓐを混ぜ合わせる。

4
フライパンに**2**を入れ、中火にかける。
フライパンが温まったら、**3**を加えて、からめるように炒め合わせる。

5
器に盛り、**かいわれ菜**をのせる。

まるから揚げ

　このところ、から揚げといえば「まるから揚げ」ばかり揚げています。使うのは鶏むね肉。から揚げには鶏もも肉派が多いでしょうが一度試してみてください。ももよりも火通りがよく、キュッとしまっておいしいんですから！　そぎ切りしたお肉は“もみじ状”にカットし、切れ目を内側に折りたたみ丸く。これ、じつは某 BAR のメニュー。真似をしまして、すっかり僕の定番になりました。

二、三本の切れ目が、最大のポイントです

材料(2〜3人分)

鶏むね肉……………………… 1枚(300g)

Ⓐ 醤油 …………………… 大さじ1と1/2
酒 ……………………… 大さじ1
みりん ………………… 大さじ1/2
砂糖 …………………… 小さじ1
ごま油 ………………… 小さじ1
にんにく(すりおろし) … 1片分
生姜(すりおろし)……… 1片分

片栗粉………………………… 適量
揚げ油………………………… 適量
レモン(くし形切り) ……… 適量

つくり方

1

鶏肉は皮を取り除き、厚さ1cmのそぎ切りにする。

2

鶏肉に切れ目を入れる。縦に2〜3本入れ、もみじのようなカタチにする。

3

ボウルにⒶと**鶏肉**を入れて揉み込み、**片栗粉(大さじ5)**を加えて混ぜ込む。

4

鶏肉の棒状になった部分を巻きつけるように丸く成形し、まわりに**片栗粉**をまぶす。

★手を握るようにすれば、丸くなる。

5

180℃に熱した**揚げ油**で、**4**をカリッと揚げる。器に盛り、**レモン**を添える。

豚と冬瓜の
ピリ辛味噌炒め

冬瓜に、こってり
からみ合うピリ辛風味

冬瓜、好きなんですよ。この本の後半に〝僕の好きな野菜ベスト5〟があるんですが、そこに入れるか入れないかを、僅差で落選させたくらいに好きなんです。冬瓜は水分が豊富で(なんと95%!)ヘルシー。味もさっぱりとしていて。だからこそ、コクがあってピリッとした味付けによく合うんだなぁ。

材料(2〜3人分)

豚バラ肉(かたまり)……… 300g
塩………………………… 小さじ1/3
黒胡椒…………………… 適量
片栗粉…………………… 適量
冬瓜……………………… 1/4個(正味250g)

Ⓐ
醤油 …………………… 大さじ2
オイスターソース… …… 大さじ1
紹興酒 ………………… 大さじ1
砂糖 …………………… 大さじ1/2
みりん ………………… 小さじ1
豆板醤 ………………… 小さじ1
にんにく(すりおろし) … 1片分
生姜(すりおろし)……… 1片分

ごま油 ………………… 大さじ1

つくり方

1
豚肉は1.5cm厚に切り、**塩**、**黒胡椒**で下味をつけて**片栗粉**をまぶす。

2
冬瓜はワタを取って皮を剝き、1.5cm厚のひと口大に切る。
小鍋に湯(分量外)を沸かし、**冬瓜**を下茹でする。やわらかくなったらザルに上げ、水気を切る。

3
Ⓐを混ぜ合わせる。

4
フライパンに**ごま油**を熱し、**豚肉**を強火で焼く。
焼き色が付いたら返し、両面に焼き色が付いたら**冬瓜**を加える。

5
強火で炒め、**冬瓜**に油が回ったら**3**を加える。
ざっと炒め合わせて、全体がなじんで“おいしそうな照り”が出たら、器に盛り付ける。

皮をうすく剝くと、煮崩れしにくく、
翡翠色に茹で上がりますよ。

材料(10個分)

豚ロース肉(薄切り) ………………10枚
ピーマン ………………………………5個
スライスチーズ(とろけるタイプ) …5枚
アンチョビ …………………………適量
青ねぎ(小口切り) …………………適量
塩………………………………………適量
黒胡椒…………………………………適量
サラダ油 ……………………………大さじ1
レモン(くし形切り) ………………適量

ピーチーとは、
ピーマンの「ピー」に、
チーズの「チー」!

つくり方

1

ピーマンは縦半分に切り、種と白い筋を取り除く。
スライスチーズは半分に切る。

2

ピーマンの内側にスライスチーズを折りながら詰め、**アンチョビ(1cm程度)**、**青ねぎ(適量)**を順にのせる。

3

豚肉(1枚)を広げて、2を端にのせ、手で押さえながらクルクルと巻く。
塩(ひとつまみ)、**黒胡椒**をふる。
ほか9個も同様に。

4

フライパンに**サラダ油**を熱し、3の平らな面を下にして並べ、強火で焼く。
焼き色が付いたら、すぐに返し、蓋をして中火で焼く。

5

チーズが流れ出ないように気をつけながら、火が通るまで焼く。
器に盛って、**レモン**を添える。

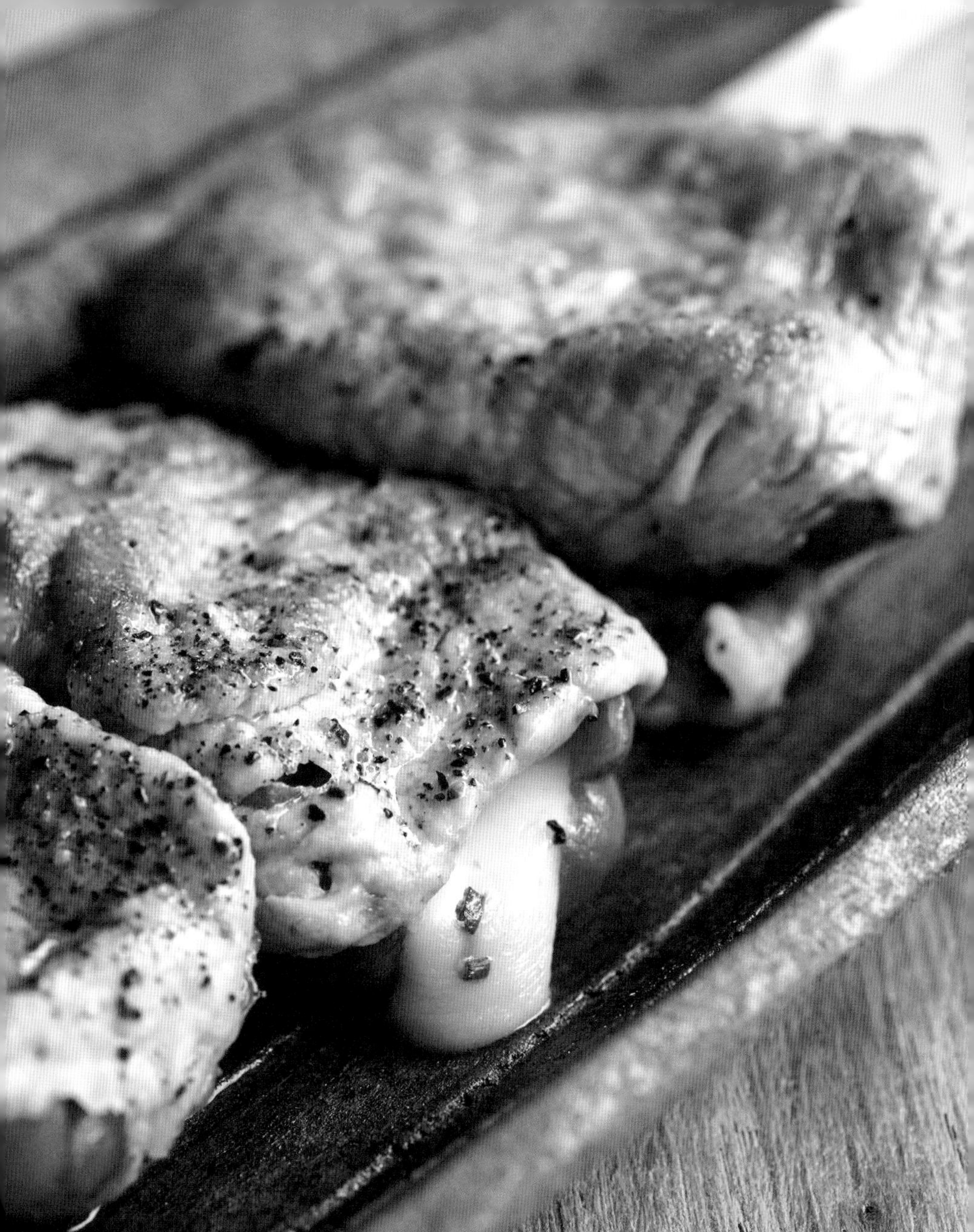

アンチョビピーチー

ごぼうと鰯のかき揚げ

甘辛花椒だれ

ふわっとエアリー、ごぼうの土臭さに青魚の脂がよく合います

材料(6個分)

ごぼう……………………… 1/2本(70g)
鰯(三枚おろし)…………… 3尾分
天ぷら粉…………………… 大さじ3
水…………………………… 大さじ1
揚げ油……………………… 適量

甘辛花椒だれ

- 醤油 …………………… 大さじ3
- みりん ………………… 大さじ1と1/2
- 砂糖 …………………… 大さじ1
- 花椒 …………………… 小さじ1/2

準備

【**甘辛花椒だれ**】をつくる。

1

花椒はすり鉢でする。

2

小鍋に**醤油**、**みりん**、**砂糖**を入れて中火にかける。
混ぜながら煮詰め、軽くとろみがついたら火を止めて、**花椒**を加える。

つくり方

1

鰯は、横に長く3～4等分に切り、ボウルに入れる。

2

ごぼうはピーラーで細長く削り、水にさらしてアクを抜く。
水気を切り、**1**と合わせる。

3

2に**天ぷら粉**、**水**を加えて、からめるように混ぜて6等分にする。
★タネは、鰯をごぼうで巻き込むようにクルリとまとめて。

4

180℃に熱した**揚げ油**で、**3**を揚げる。途中で返しながら、ほんのりきつね色にカラリと揚げる。

5

器に盛り、**甘辛花椒だれ**を回しかける。

規格外のビッグなヤツ

　とにかく、ビッグなミートボールです。内径16センチのフライパンでつくって、こんなふうですから！　豪快にスプーンですくってマッシュポテトと一緒にどうぞ。煮込んだソースとよく合うんです。もちろん独り占めもどうぞ。え？　だから、ハンバーグじゃないってば（笑）

準備

【**マッシュポテト**】をつくる。

1

じゃがいもは皮を剝いて大きめに切る。
鍋に入れて水（分量外）をかぶるまで加え、火にかける。

2

沸騰したら弱火にし、**じゃがいも**がやわらかくなるまで茹でる。

3

やわらかくなったら、茹で汁を捨て、強火にかけて水分を飛ばす。
“粉ふきいも”のようになったら、マッシャーでなめらかにつぶし、**生クリーム**、**塩**、**黒胡椒**を加えてよく混ぜる。

パセリ（みじん切り）……… 適量

マッシュポテト

- じゃがいも（大）……… 1個（200g）
- 生クリーム ……………… 50ml
- 塩 ……………………… 小さじ1/4
- 黒胡椒 ………………… 適量

つくり方

1

小鍋にⒶを入れて中火にかけて**ソース**をつくる。沸騰したら弱火にして1分ほど煮立てて火を止める。

2

ボウルにⒷを入れ、粘りが出るまでしっかりと練る。
ひとつの大きな球状にまとめ、油を引かずに、小さめのフライパンに入れる。

3

蓋をして中弱火にかけ、底面に焼き色が付いたら火を止める。

4

3に**1**を流し入れ、蓋をして中弱火で15分煮る。

5

器に**マッシュポテト**を平たく盛り付け、**4のミートボール**をのせる。
フライパンに残った**ソース**をたっぷりとかけて、**パセリ**をふる。

でっかいミートボール

材料(2～3人分)

Ⓐ
- 水 ………………………… 200ml
- 中濃ソース …………… 大さじ2
- ケチャップ……………… 大さじ2
- 赤ワイン ……………… 大さじ1
- はちみつ ……………… 小さじ1
- コンソメ(顆粒タイプ)… 小さじ1/2
- ローリエ ……………… 1枚

Ⓑ
- 合挽き肉 ……………… 200g
- 玉ねぎ(みじん切り) … 40g
- にんにく(みじん切り)… 1片分
- たまご ………………… 1個
- 薄力粉 ………………… 大さじ1/2
- ナツメグ ……………… 小さじ1/3
- 塩 ……………………… 小さじ1/3

つくり方

1

鶏肉の内側を上にして、まな板に置き、筋に対して垂直に、何本か切れ目を入れて筋を切る。

2

ボウルに**鶏肉**、**醤油**、**酒**を入れて揉み込み、15分ほど漬け込んで、味をなじませる。

3

2に衣をつける。

Ⓐをまぶした**2**を、**卵液**にくぐらせてから、さらに、Ⓐをたっぷりとまぶす。

4

160℃に熱した**揚げ油**で、**3**を揚げる。

途中で返しながら、じっくりと火を通し、カリッカリに揚がったら油を切る。

5

食べやすい大きさに切り、器に盛り付ける。

Ⓑの長ねぎ、にんにく、生姜をのせ、汁をかけて**香菜**を添える。

ゴツゴツの油淋鶏

鶏のすみずみに卵液が染み込ませて

定食屋さんでもおなじみの「油《ユー》淋《リン》鶏《チー》」。鶏のまろやかさとたれの酸味でごはん、進みますよねぇ。

ちょっとウンチクを申し上げますと……「淋」とは中国語で〝水などをかける、びしょ濡れにする〟という意味があるそう。ゆえに、本来、油淋鶏は〝鶏の油掛け＝油を何度もかけて表面をパリパリに仕上げた〟ものを指すのだとか、なるほど。今回は油をかけるのではなく、鶏肉をひっくり返しながら、たっぷりの衣でゴツゴツなイメージに仕上げます。長ねぎ、にんにく、生姜のたれ、そして香菜をドサッとのせてどうぞ。

材料（2人分）

鶏もも肉……1枚（300g）
醤油……大さじ1
酒……大さじ1/2

Ⓐ 薄力粉……大さじ4
　 片栗粉……大さじ4

たまご（溶きほぐす）……1個
揚げ油……適量
香菜……適宜

Ⓑ 醤油……大さじ2
　 酢……大さじ2
　 砂糖……小さじ1
　 長ねぎ（みじん切り）……50g
　 にんにく（みじん切り）……1片分
　 生姜（みじん切り）……1片分

準備

ⒶとⒷ、それぞれを混ぜ合わせておく。

エビチリたまご

エビチリだけでもごちそうなのに、“ふわとろたまご”がドッキング。ああ、なんという至福、パラダイスなのでしょう。こりゃもう「とりあえずビール」ではなく、「絶対にビール！」なわけです。いや、紹興酒もいいね。もちろん白ごはんとも相性抜群です。

ぷりっぷりのエビがお待ちかね

材料（2人分）

エビ……………………………12尾（正味250g）
塩…………………………………小さじ1/4
黒胡椒……………………………適量
片栗粉……………………………適量
にんにく（みじん切り）…1片分
生姜（みじん切り）………1片分

Ⓐ ケチャップ……………大さじ2
水 ………………………大さじ1
みりん ………………大さじ1
紹興酒 ………………大さじ1/2
オイスターソース ……大さじ1/2
醤油 …………………小さじ1
砂糖 …………………小さじ1
豆板醤 ………………小さじ1/2

ごま油 ……………………大さじ2

たまご ……………………2個
塩…………………………………少々
ごま油 ……………………大さじ2
長ねぎ（粗みじん切り）…適量

準備

エビは洗って殻と尾を取り除く。
背側に深く切り込みを入れて開き、背ワタを取る。水気をよく拭いて、**塩**、**黒胡椒**で下味をつけ、**片栗粉**をまぶす。

つくり方

1
Ⓐを混ぜ合わせる。

2
フライパンに**ごま油**を熱し、**エビ**を並べ入れて強火で焼く。返しながら焼き、火が通ったら、**にんにく**、**生姜**を加えて炒める。

3
香りが出たら、**1**を加えて、手早く炒め合わせる。

4
たまごは溶きほぐし、**塩**を混ぜて**卵液**に。
別のフライパンに**ごま油**を熱し、**卵液**を流し入れる。
ゆるくまとめるように中火で焼く。

5
器に**4**を敷き、**3**をのせて**長ねぎ**を散らす。

準備

【**玉ねぎステーキソース**】をつくる。

1

小鍋に、**にんにく**、**醤油**、**みりん**を入れて火にかける。**片栗粉**と**水**を溶き合わせて、水溶き片栗粉をつくる。

2

小鍋を1分ほど煮立てたら**砂糖**を加え、砂糖が溶けたら、**水溶き片栗粉**でとろみをつけて火を止める。

3

すし酢、**玉ねぎ**を加える。

つくり方

1

牛肉は3cmの角切りにする。

2

肉たたきで、繊維を壊すようにたたく。全方向から何度かたたき、3cm角のサイコロ状になるよう、手でギュッとまとめる。
塩、**黒胡椒**をふる。

3

フライパンに**オリーブ油**を熱し、肉を並べ入れて転がしながら強火で焼く。
全面に焼き色が付いたら、**玉ねぎステーキソース**を回し入れる。

「サイコロステーキ」のお肉は最初からサイコロ状にカットされているものは使いません。ステーキ用のお肉を自分で切り、肉たたきでたたき、平たく（やわらかく）してから整えます。すると格段に旨みがアップ。ソースとのからみ合いも絶妙です。

材料(2人分)

牛ステーキ肉（部位はどこでもOK）
……………………………… 300g
塩……………………………… 小さじ1/3
黒胡椒………………………… 適量
オリーブ油 ………………… 大さじ1/2

玉ねぎステーキソース
- 玉ねぎ（みじん切り） … 30g
- にんにく（みじん切り）… 1片分
- 醤油 ……………………… 大さじ3
- すし酢 …………………… 大さじ2
- みりん …………………… 大さじ1
- 砂糖 ……………………… 小さじ2
- 片栗粉、水 ……………… 各小さじ1

ちびちびつまみ、グビグビ、呑みたい

サイコロステーキ

シューマイの定義に、“タネを皮で包む”があるかどうかわかりませんが、皮の出番、今回はナシです。皮は糖質ですからねぇ。これなら、糖質制限なさっている方でもシューマイのおいしさを堪能していただけますよ。肉々しさもダイレクトに感じられてオススメです。

シューマイのidentity!? 裸のシューマイ

材料（11個分）

Ⓐ 豚挽き肉 ………………… 300g
玉ねぎ（みじん切り） … 1/4個分（50g）
しいたけ（みじん切り）… 2個分（30g）
生姜（すりおろし）……… 1片分
紹興酒 …………………… 大さじ1
オイスターソース ……… 大さじ1/2
醤油 ……………………… 小さじ1
塩 ………………………… 小さじ1/3
黒胡椒 …………………… 適量
片栗粉 …………………… 小さじ2

湯…………………………… 250ml
生姜（千切り）…………… 適量
黒酢………………………… 適量

つくり方

1
ボウルにⒶを入れて、粘りが出るまでよく混ぜる。
11等分して、手でシューマイのような小さな円柱のカタチに整える。

2
厚手の鍋に**湯**を沸かす。
沸騰したら、いったん火を止めて**1**を並べ入れる。

3
蓋をしてふたたび火をつけ、中強火で10分蒸し煮にする。

4
蓋を取り、まだ水分が残っていたら1分ほど火にかけて水分を飛ばす。

5
器に盛り付け、**生姜**をのせて**黒酢**をかける。

三者の異なる歯ごたえも

またもや冬瓜の登場です。〝冬〟の字を持ちながらも、冬瓜の旬は夏。貯蔵性が高いので、夏に収穫したものでも冬まで持つことから、〝冬〟が用いられているそうです。実際にはそこまで日持ちしないのですけどね。

水分が多いため、よく味が染み込むのが特徴で、この、ほどよくスパイシーなチリソースを吸った冬瓜に鶏、そして焼き豆腐が三位一体に。本当によく合いますよ。

材料（2〜3人分）

冬瓜……………………………1/6個（正味180g）
鶏もも肉 ……………………1/2枚（150g）
塩………………………………小さじ1/2
焼き豆腐……………………1/2丁（150g）
にんにく（みじん切り）……1片分
生姜（みじん切り）………1片分

Ⓐ スイートチリソース …大さじ1
酒 ……………………大さじ1
ナンプラー ………… 小さじ2
オイスターソース ……大さじ1/2
豆板醤 ………………小さじ1/2

ごま油 ……………………大さじ1/2

つくり方

1
冬瓜はワタを取って皮を剥き、1cm厚のひと口大に切る。
小鍋に湯（分量外）を沸かし、**冬瓜**を下茹でする。やわらかくなったらザルに上げ、水気を切る。

2
鶏肉は1.5cm幅に切り、**塩**をふる。

3
Ⓐは混ぜ合わせる。

4
フライパンに**ごま油**を熱し、**鶏肉**の皮目を下にして強火で焼く。
皮目に焼き色が付いたら、ひと口大に切った**焼き豆腐**を並べ入れる。

5
鶏肉と**焼き豆腐**のそれぞれ両面に焼き色が付くよう、ひっくり返しながら焼く。
焼き色が付いたら、**にんにく**、**生姜**を加えて炒め合わせる。

6
香りが出てきたら、**冬瓜**、**3**を加えて強火で炒め合わせる。

焼き豆腐と冬瓜のチリソース

おいしい酒肴《おつまみ》は白飯にも合う。

「こってり酒肴」の極意とは？

1　動物性の脂が多め。

2　からみつく味つけ。

3　嚙むと、あふれ出る肉汁。

4　（調理の）油をケチるな。

おつまみおかず 3

ストック酒肴

毎日毎日、イチから料理をするのは、なかなかに大変なことです。そこで、ストック、すなわち〝つくりおき〟できる保存メニューの出番。

「前もって、できるところまで仕込みをしておく」と考えてもいいかもしれません。日持ちさせるためには、調理の際、水分をしっかり飛ばすこと、変色しやすい食材は、いただく直前に加えるなど、あれこれ工夫があります。つくったらしっかり冷まして、琺瑯やステンレスの保存容器に入れて冷蔵庫へ。時間の経過とともに、味が変化することも楽しみのひとつになります。

肉巻き煮

日持ち
冷蔵庫で
約４日

いただくとき
耐熱容器に
移して電子
レンジで30秒

◉つくり方は66ページに

牛肉と白滝の煮物

いただくとき

器に盛って、削りがつおをのせて

日持ち

冷蔵庫で約７日

●つくり方は67ページに

肉巻き煮

ゴロッと野菜をクルッと

材料(つくりやすい分量)

豚肩ロース肉
(しゃぶしゃぶ用) ………… 28枚
いんげん …………………… 8本
にんじん …………………… 80g

Ⓐ かつお出汁 ……………… 250ml
醤油 ……………………… 大さじ2
みりん …………………… 大さじ1
酒 ………………………… 大さじ1
砂糖 ……………………… 小さじ1
塩 ………………………… 小さじ1/2

つくり方

1

いんげんは3等分に切る。
にんじんは5cm長さに切り、縦に8等分する。

2

豚肉2枚を広げて、野菜を巻く。
★肉の幅は、野菜の長さに合わせて。
いんげんを4本まとめて端にのせ、手で押さえながらクルクルと巻く。
にんじんも同様に、4本まとめて端にのせ、手で押さえながらクルクルと巻く。
★いんげんの肉巻き=6個、にんじんの肉巻き=8個つくる。

3

小鍋に、**それぞれの肉巻き**をぎゅうぎゅうに詰めるように入れ、Ⓐを加える。
強火にかけて沸騰したらアクを取り、蓋をして弱火で20分ほど煮る。

4

肉巻きの**野菜**に火が通ったら火を止める。

牛肉と白滝の煮物

旨みがギュギュッと

つくり方

1

牛肉は食べやすい大きさに切る。

2

白滝は汁気を切って、熱したフライパンで乾煎りする。
しっかりと水分が飛んだら取り出して半分に切る。

3

小鍋にⒶを入れて中火にかけ、煮立ったら**牛肉**、**白滝**を加える。

4

ふたたび沸いたら弱火にし、落し蓋をして20分ほど煮る。

5

落し蓋を外して**生姜**を加え、中火で汁気を飛ばすように炒め煮にする。
汁気が完全になくなったら火を止める。

材料（つくりやすい分量）

牛切り落とし肉 ………200g
白滝……………………2袋（360g）

Ⓐ かつお出汁 ………200ml
醤油 ………………大さじ3
みりん ……………大さじ2
酒 …………………大さじ1と1/2
砂糖 ………………大さじ1

生姜（千切り）…………2片分

削りがつお ……………適量

鶏照り煮

日持ち
冷蔵庫で
約7日

いただくとき
そのままでも、
鍋で温め
なおしても

◉つくり方は70ページに

ちょっとずつ食べる
肉団子

いただくとき
耐熱容器に移して
電子レンジ加熱し、
生姜をのせて

日持ち
冷蔵庫で
約５日

◉つくり方は71ページに

鶏照り煮

日に日に旨みが倍増

材料(つくりやすい分量)

鶏もも肉 ……………………1枚(300g)
大根……………………………350g(正味)
にんじん ……………………120g

Ⓐ かつお出汁 ……………300ml
　醤油 ………………………大さじ5
　酒 …………………………大さじ3
　みりん ……………………大さじ2
　砂糖 ………………………大さじ1

つくり方

1

鶏肉は2cm幅に切る。
大根は皮を剥いて1.5cm厚さのいちょう切り、**にんじん**は皮を剥いて1cm厚さの半月切りにする。

2

小鍋にⒶを入れ、強火にかける。
砂糖が溶けたら**鶏肉**、**大根**、**にんじん**を加え、落し蓋をする。

3

煮汁が沸いたら中弱火にして30 ～ 40分ほど煮る。

4

こっくりと煮えたら火を止める。

ちょっとずつ食べる肉団子

生姜をのせて

材料（つくりやすい分量）

Ⓐ 鶏もも挽き肉 …………400g
長ねぎ（みじん切り） …1/2本分
薄力粉 ……………………大さじ1
塩 …………………………小さじ1/2

Ⓑ かつお出汁 ……………400ml
みりん ……………………大さじ2
酒 …………………………大さじ2
醤油 ………………………小さじ2
塩 …………………………小さじ1と1/2
砂糖 ………………………小さじ1

生姜（千切り）………………適宜

つくり方

1

ボウルにⒶを入れ、粘りが出るまでしっかりと混ぜ、**肉だね**をつくる。

2

小鍋にⒷを入れ、中火にかける。
煮立ったら、**肉だね**を好きな大きさのだんご状にしてから、煮汁に落し入れる。
煮汁は常に沸いている状態になるように、火加減を調整する。

3

肉だねをすべて入れたら、アクと脂をすくいながら中弱火でしばらく煮る。

4

3に火が入ったら、火を止める。

鮭の南蛮漬け

日持ち
冷蔵庫で約４日

漬けて2時間後くらいからいただける。ひと晩おくと、野菜がしんなりとして違う味わいに。

いただくとき
鮭を盛り付け、野菜をたっぷりとのせて

◉つくり方は74ページに

こんにゃくの甘辛煮

いただくとき
冷たいまま、器に盛り付けて

日持ち
冷蔵庫で約10日

●つくり方は75ページに

鮭の南蛮漬け

栗原家の定番メニュー

材料（つくりやすい分量）

生鮭（切り身）……………3切れ
塩…………………………小さじ1/3
黒胡椒……………………適量
薄力粉……………………適量
揚げ油……………………適量

玉ねぎ……………………1/2個（100g）
にんじん …………………1/2本（100g）
セロリ ……………………1本（100g）

Ⓐ かつお出汁 …………200ml
醤油 ……………………大さじ4
砂糖 ……………………大さじ4
すし酢 …………………大さじ2
かぼす果汁 ……………大さじ1

赤唐辛子（小口切り）……2本分
生姜（千切り）……………1片分
かぼすの皮（千切り）……適量

つくり方

1
鮭は食べやすい大きさに切り、**塩**、**黒胡椒**で下味をつけて**薄力粉**をまぶす。

2
バットにⒶを混ぜ合わせる。

3
玉ねぎは繊維に沿って薄切り、**にんじん**、**セロリ**は5cm長さの千切りにする。

4
揚げ油を180℃に熱し、**1**を揚げる。カリッと揚がったら油を切り、熱いうちに、**2**に漬ける。

5
鮭の上に、**3の野菜**、**赤唐辛子**、**生姜**、**かぼすの皮**を広げるようにしてのせ、空気を抜くようにしながら落しラップをして冷蔵庫で漬ける。

“小さな”副菜としても

こんにゃくの甘辛煮

つくり方

1
こんにゃくは表面に細かく斜めの切れ目を入れる。
2cm角に切ってボウルに入れる。

2
1に**砂糖**を加えて手で揉み込む。1～2分ほど揉み込むと、**こんにゃく**から水分が出てくるので水気を切り、熱したフライパンで乾煎りする。

3
小鍋に**2**と**A**を入れ、落し蓋をして火にかける。煮汁が沸いたら中火で15分煮る。

4
落し蓋を取り、**こんにゃく**に照りが出ていたら**塩昆布**、**白炒り胡麻**を加えて混ぜ、火を止める。

材料（つくりやすい分量）

こんにゃく …………………… 2枚（400g）
砂糖 …………………………… 大さじ1

A かつお出汁 ……………… 50ml
醤油 ………………………… 大さじ3
みりん ……………………… 大さじ2
酒 …………………………… 大さじ1
砂糖 ………………………… 大さじ1

塩昆布 ………………………… 15g
白炒り胡麻 …………………… 大さじ1

きくらげと千切り野菜の胡麻サラダ

日持ち
冷蔵庫で約3日

いただくとき
冷たいまま、器に盛り付けて

◉つくり方は78ページに

ポテト！ポテト！サラダ

いただくとき
フライドポテトをのせ、特製ソースとともに

いただくとき
もちろん、そのままでもOK

日持ち
冷蔵庫で約3日

●つくり方は79ページに

きくらげと千切り野菜の胡麻サラダ

歯ごたえも旨さのうち

つくり方

1

きくらげはぬるま湯で戻し、千切りにする。小鍋に湯（分量外）を沸かし、さっと茹でて水気を切る。

2

ハムは半分に切り、千切りにする。
にんじん、**きゅうり**は長さ5cmの千切りにする。

3

ボウルに**にんじん**、**きゅうり**を入れ、**塩**をまぶして15分ほどなじませる。
しんなりとしたら、**しっかりと水気を絞る**。

4

きくらげ、**ハム**、**にんじん**、**きゅうり**を合わせ、混ぜ合わせておいたⒶを加えてさっくりと混ぜる。

材料（つくりやすい分量）

きくらげ（乾燥）	6g
ハム	5枚
にんじん	1/2本（100g）
きゅうり	2本
塩	小さじ1

Ⓐ	すし酢	大さじ2
	フレンチマスタード	大さじ1
	白練り胡麻	大さじ1
	醤油	小さじ1

ポテト！ポテト！サラダ

ポテトの二重奏!?

つくり方

1

じゃがいもは皮を剥き、大きめに切って小鍋に入れ、かぶるまでの水（分量外）を加えて火にかける。

じゃがいもがやわらかくなったら茹で汁を捨て、強火にかけて水分を飛ばす。熱いうちにマッシャー等でつぶす。

2

きゅうりは輪切りにして**塩**をまぶし、10分ほどなじませる。しんなりとしたら、水気をしっかりと絞る。

3

ボウルに**1**、**2**、**玉ねぎ**、**ハム**を入れて、混ぜ合わせたⒶを加えてポテトサラダにする。

★保存は、この状態で保存容器に入れて冷蔵庫に。

【**フライドポテト**】をつくる。

1

じゃがいもに**片栗粉**をまぶし、180℃に熱した**揚げ油**で揚げる。カリッとしたら取り出して、油を切る。

2

小鍋にⒷを入れて、中弱火で3分ほど煮詰め、冷ます。

3

器に**ポテトサラダ**を盛り付け、**フライドポテト**をのせて**2**を回しかける。

材料（つくりやすい分量）

じゃがいも ……………2〜3個（正味450g）
玉ねぎ（みじん切り）…1/4個（50g）
ハム（みじん切り）……4枚
きゅうり ………………1本
塩………………………小さじ1/3

Ⓐ マヨネーズ ………大さじ5
フレンチマスタード 小さじ1
塩 ……………………小さじ1/4
黒胡椒 ………………適量

【フライドポテト】

じゃがいも（千切り）…50g
片栗粉…………………大さじ1
揚げ油…………………適量

Ⓑ めんつゆ …………大さじ2
水 ……………………大さじ2
砂糖 …………………小さじ1

ザワークラウト風

日持ち
冷蔵庫で約３日

いただくとき
冷たいまま、器に盛り付けて

◎つくり方は82ページに

蒸しチャーシュー

いただくとき

食べやすい厚さに切り、白髪ねぎ、きゅうり、和辛子を添える

日持ち

冷蔵庫で約4日

●つくり方は83ページに

ザワークラウト風

両手で水気を絞る!

材料(つくりやすい分量)

鶏ささみ肉 ………… 2本
水…………………… 400ml
酒…………………… 大さじ1

キャベツ(千切り) … 3～4枚(180g)
きゅうり(千切り) … 1本
塩…………………… 小さじ1/2

Ⓐ すし酢 ………… 大さじ2
粒マスタード … 大さじ1
薄口醤油 ……… 小さじ1
にんにく(みじん切り)
……………… 1/2片分

つくり方

1
厚手の鍋に**水**、**酒**を入れて中火にかける。
沸騰したら、**ささみ**を加え、蓋をして火を止め、そのまま置く。
完全に冷めたら**ささみ**を取り出し、食べやすい大きさに手で割く。

2
ボウルに**キャベツ**、**きゅうり**を入れ、**塩**をまぶして15分ほどなじませる。しんなりとしたら、しっかりと水気を切る。

3
1と**2**を合わせ、混ぜ合わせておいたⒶを加えてさっくりと混ぜる。

蒸しチャーシュー

食べる直前に切る！

材料（つくりやすい分量）

豚肩ロース肉（かたまり）
…………………………300g
片栗粉…………………………適量
ごま油…………………………大さじ1

Ⓐ 醤油…………………………150ml
みりん…………………………大さじ2
紹興酒…………………………大さじ1
砂糖…………………………小さじ2
オイスターソース………小さじ1
生姜…………………………1片
八角…………………………1個
シナモンスティック……1本

白髪ねぎ、きゅうり（千切り）、和辛子
…………………………各適量

つくり方

1

蒸気の上がった蒸し器に**豚肉**をかたまりのまま入れ、中火で30分蒸す。
蒸し器から取り出し、**片栗粉**をまぶす。

2

フライパンに**ごま油**を熱し、**1**を中火で焼く。
転がしながら全面を焼き固める。

3

小鍋にⒶを入れて火にかける。
煮立ったら**2**を加え、からめるように**豚肉**を転がしながら中火で煮る。

4

泡が大きくなり、とろみが出てきたら火を止める。

おいしい酒肴《おつまみ》は白飯にも合う。

「ストック酒肴」の極意とは？

1　目的＝日持ちをさせること。

2　時間の経過を想像して、火入れをする。

3　時間が経つと味がボケやすいため、
しっかりと味付けを。

4　出来立てをそのまま食べると……
ややしょっぱい（笑）

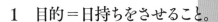

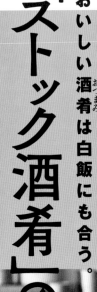

おつまみおかず　4

ジャンク酒肴

これまでの人生で、「ジャンク」について、これほどまでに考えたことはありません。ジャンクの定義が人によってさまざまで、どれが正解なのか……答えがなかなか見つかりませんでした。一般には栄養価のバランスが著しく悪く、ハイカロリーで高塩分。脂肪、砂糖、添加物たっぷりで、まあ、それはそれは悪印象なようで。

けれども、ジャンクは英語でガラクタの意。そう考えると、楽しいモノと捉えればいいかと（笑）。あれこれ試した、栗原流ジャンク、いかがでしょう。

豚マヨ生姜焼き

豚の生姜焼きの進化版。ピーナッツが芳醇な香りを高め、歯ごたえのアクセントに。千切りキャベツはマストです！

材料(2人分)

豚肩ロース肉(生姜焼き用)……200g

塩　小さじ1/3

黒胡椒……………………………たっぷり

ピーナッツ ………………………大さじ2

Ⓐ マヨネーズ ……………………大さじ2

醤油 ……………………………大さじ1

みりん …………………………大さじ1/2

酒 ………………………………大さじ1/2

砂糖 ……………………………小さじ1/2

生姜(すりおろし)……………1片分

ごま油……………………………大さじ1

キャベツ(千切り) ………………適量

準備

◉**豚肉**は**塩**、**黒胡椒**で下味をつける。

◉**ピーナッツ**はポリ袋に入れ、すりこぎなどでたたいて粗くくだく。

◉Ⓐは混ぜ合わせる。

つくり方

1

フライパンに**ごま油**を熱し、**ピーナッツ**を加えて強火で炒める。

2

香りが出てきたら**ピーナッツ**をフライパンの端に寄せ、あいたところに**豚肉**を並べ入れる。

焼き色が付いたら、返して両面を焼き、Ⓐを回し入れる。

3

手早く炒め合わせて器に盛り、**キャベツ**を添える。

つくり方

1

鶏手羽元は、骨に沿って縦に切れ込みを入れる。

2

ボウルに**1**を入れて**A**を加え、手で揉み込む。
落しラップをして室温で1時間漬ける。

3

キャベツは太めの千切りにする。
フライパンに**オリーブ油（大さじ1/2）**を熱し、**キャベツ**を中火で炒める。
しんなりしたら**塩**、**黒胡椒**、**カイエンペッパー**で調味し、器に広げて盛る。

4

フライパンに**オリーブ油（大さじ2）**を熱し、**2**を並べ入れる。
蓋をして､全面に焼き色が付くように中弱火で転がしながら焼く。

5

肉に火が通ったら、**キャベツ**の上に盛り付ける。

材料(3〜4人分)

鶏手羽元……………………500g

A にんにく（すりおろし）…1片分
オリーブ油 ……………大さじ1
塩 ………………………小さじ1/2
チリパウダー ………小さじ1と1/2
パプリカパウダー………小さじ1
ナツメグパウダー………小さじ1

キャベツ ……………………200g
オリーブ油 …………………大さじ1/2
塩……………………………小さじ1/5
黒胡椒………………………適量
カイエンペッパー …………適量

オリーブ油 …………………大さじ2

鶏手羽元のジャンク焼き

チリにパプリカ、ナツメグでエスニックな味わいに。じっくり漬け込み、しっかり火を通していただきます。キャベツにはカイエンペッパーを。スパイスで食欲増進まちがいなし。

エスニックたまご焼き
ラード攻め

ラードですよ、ラード。ラードって、ちょっと加えるだけで、旨みとコクが増すんです。ラードは入手しにくい？　大丈夫、チューブタイプが市販されていますよ。

材料（2〜3人分）

イカ……………………………70g
エビ……………………………5尾（50g）
カニカマ ……………………50g
玉ねぎ（みじん切り）……40g
香菜……………………………2本
にんにく（みじん切り） …1片分
生姜（みじん切り）………1片分

Ⓐ ナンプラー …………小さじ2
オイスターソース ……小さじ1
豆板醤 ………………小さじ1/2

たまご ………………………3個
塩………………………………ひとつまみ
黒胡椒…………………………適量
ラード ………………………大さじ3

準備

◉**イカ**は2cm角、**エビ**は2cmのぶつ切りにする。
◉**カニカマ**は1cm幅、**香菜**はざく切りにする。
◉Ⓐは混ぜ合わせる。

つくり方

1
ボウルで**たまご**を溶きほぐし、**塩**、**黒胡椒**を混ぜる。

2
フライパンに**ラード**を熱し、**にんにく**、**生姜**、**イカ**、**エビ**を中強火で炒める。
7割ほど火が入ったら、**玉ねぎ**、**カニカマ**を加える。

3
玉ねぎが透明になってきたら**香菜**を加えてざっと炒め合わせ、**1**を流し入れる。

4
ヘラでゆっくり大きく混ぜ、ゆるくまとめる。
Ⓐを回しかけて火を止め、器に盛る。

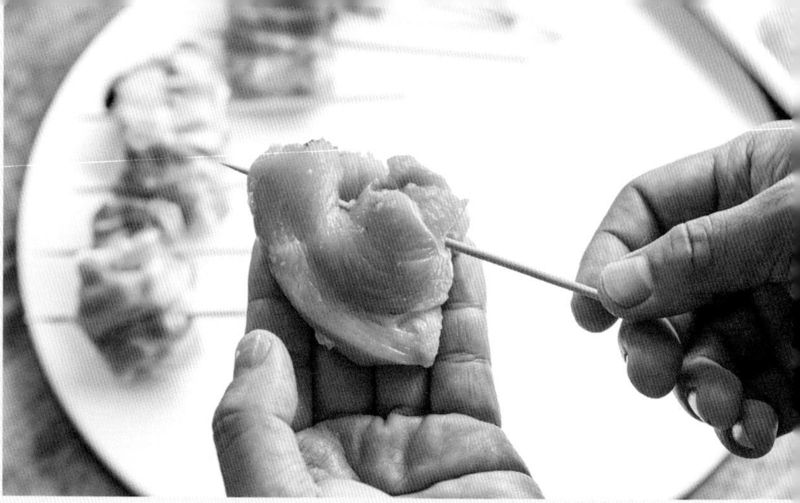

準備

※鶏串1種・肉巻き串2種・ステーキ串1種の4種です

【鶏むね にんにく味噌串】

◉材料

鶏むね肉……………… 1/2枚（180g）

Ⓐ 味噌……大さじ1、みりん……小さじ1、砂糖……小さじ1、にんにく（みじん切り）……1片分

1

鶏肉は4等分に切り、それぞれ最後まで切り落とさないように横に深く切れ目を入れる（ぱっくり口を開くように）。

2

鶏肉の開いた部分に、混ぜ合わせたⒶを適量はさみ、竹串で留める。

【肉巻きベーコン串】

◉材料

豚バラ肉（薄切り）…………………4枚

ベーコン（ブロック） ………………80g

1

ベーコンは4等分に切る。

2

豚肉を広げて**ベーコン**を端にのせ、手で押さえながらクルクルと巻き、竹串にさす。

【肉巻きガリ串】

◉材料

豚バラ肉（薄切り）…………………4枚

新生姜の甘酢漬け…………………60g

1

新生姜は3cm長さに切る。

2

豚肉を広げて**新生姜を2本**ずつ、肉の端にのせ、手で押さえながらクルクルと巻き、竹串にさす。

【ステーキ串】

◉材料

牛角切り肉

（ステーキ、カレー用）……………80g

Ⓑ 醤油……大さじ1、みりん……大さじ1/2、砂糖……小さじ1

1

フライパンを熱し、**牛肉**を転がしながら強火で焼く。

2

全面に焼き色が付いたら、混ぜ合わせたⒷを加えてからめ、竹串にさす。

バッター液をつくって、“串”を揚げるよ！

材料

たまご………………… 2個
薄力粉………………… 大さじ6

パン粉（細目）…… 適量
揚げ油………………… 適量

つくり方

1
バットに**たまご**を割り入れ、**薄力粉**を加えて混ぜ合わせ、**バッター液**をつくる。

2
バッター液に、**各串**をくぐらせて**パン粉**をつける。

3
揚げ油を180℃に熱し、**2**を揚げる。カリッときつね色に揚がったら、網に取って油を切る。

肉！肉！串揚げ

どうせ揚げるなら、一種類だけじゃなく、いろいろな“串”を楽しみたいよね的なレシピ。

後ろめたさ半分、ちょっぴりジャンク飯

ときには「ガツン！」と、ごはんをかきこみたい。けれどもハイカロリー過ぎるのは不安……そんな健康と体型を気にするアナタのために。

材料（1人分）

ソーセージ ………………2本
にんにく（薄切り） ………2片分
赤唐辛子（小口切り）……小さじ1/2
ラード ……………………大さじ1

Ⓐ 醤油 ……………………大さじ1
　みりん …………………小さじ1
　砂糖 ……………………小さじ1/3

温かいごはん ……………1人分
ピザ用チーズ ……………適量
青ねぎ（小口切り）………適量

つくり方

1

ソーセージは縦に4等分にして1cm幅に切る。

2

Ⓐは混ぜ合わせる。

3

フライパンに**ラード**を熱し、**にんにく**を中火で炒める。
にんにくがきつね色になったら**ソーセージ**、**赤唐辛子**を加える。
ソーセージに焼き色が付いたら火を止める。

4

温かいごはんに**チーズ**をかけて、**3**をのせる。
2を回しかけて、**青ねぎ**を散らす。

5

全体を思いっきり混ぜながら、いただく。

つくり方

1

小鍋にⒶを入れて中火にかける。
煮立ったら蓋をして、弱火で40分ほど煮る。

2

蓋を取り、鍋底が焦げないように混ぜながら、水分を飛ばすように中火にかける。

3

水分が飛んだらローリエを取り除き、残りの具を包丁で細かく刻む。

4

3を小鍋に戻して**塩**、**黒胡椒**をふり、強火にかける。
汁気（刻んだ際の野菜の水分）が飛んだら容器に移し、冷蔵庫で冷やす。

5

トースターでカリッと焼いた**食パン**に、**4**を好きなようにのせて**マヨネーズ**をかけ、**黒胡椒**をふる。

材料（つくりやすい分量）

Ⓐ 牛切り落とし肉 ……200g
野菜の皮、葉など……30～40g
にんにく（薄切り）……1片分
水 ……………………150ml
白ワイン …………100ml
ローリエ …………1枚

塩…………………………小さじ1/2
黒胡椒……………………適量

薄い食パン ………………お好きな枚数
マヨネーズ ………………適量
黒胡椒……………………適量

コンビーフ風つまみトースト

「コンビーフにマヨ」って合いますよね？　でも、缶詰をそのままじゃレシピにならぬ。ということでコンビーフ、つくりました！　くず野菜をいかすレシピとしてもどうぞ。

ドロドロの焼きそば

とにかく、決め手はラードとソース！　ふつふつ＆ドロドロのこってりソースをまとった焼きそば、おいしいに決まってますよね。

材料(2〜3人分)

豚こま切れ肉 ………… 150g
塩………………………… 小さじ1/5
キャベツ ……………… 200g
中華蒸し麺 …………… 2玉

Ⓐ
中濃ソース ……… 大さじ5
ウスターソース…… 大さじ1
醤油 ……………… 小さじ1
白胡椒 …………… 小さじ1/2

ラード ……………… 大さじ1
青のり ……………… 適量

つくり方

1

豚肉は**塩**で下味をつける。
キャベツは大きめのざく切りにする。
中華麺は、袋のまま600Wの電子レンジで2分30秒加熱してほぐす。

2

小鍋にⒶを入れ、中火にかける。
ヘラなどで混ぜながら、液量が半分ほどになるまで煮詰める。

3

フライパンに**ラード**を熱し、**豚肉**を中強火で炒める。
豚肉に半分くらい火が通ったら、**キャベツ**を加えて軽く炒める。

4

豚肉と**キャベツ**をフライパンの奥に寄せ、手前に**中華麺**を広げ入れる。
麺を焼き付けるようにして炒め、焼き色が付いたら、**2**を回し入れる。

5

全体を炒め合わせ、器に盛り、**青のり**をふる。

台湾風春巻き

ヒョイッとつまめる、ちょっと小ぶりな春巻き。具の豚肉も大根も同じ1センチ角にして、満足度ある食感にしました。お好みで和辛子をチョンとのせてもいいですよ。

材料(ミニサイズ・10本分)

豚バラ肉(かたまり) ………200g
塩 ……………………………小さじ1/3
黒胡椒…………………………適量
大根……………………………150g(正味)
塩………………………………小さじ1/4
にんにく(粗みじん切り) …2片分
生姜(粗みじん切り) ………3片分

Ⓐ 醤油 ………………………大さじ4
みりん ……………………大さじ1
紹興酒 ……………………大さじ1
砂糖 ………………………大さじ1
オイスターソース ………小さじ1
花椒 ………………………小さじ1
八角 ………………………1片

ごま油 …………………………小さじ1/2

春巻きの皮(ミニ) …………10枚

◉のり
薄力粉、水 ……………各大さじ1

揚げ油…………………………適量

つくり方

1

豚肉は1cm角に切り、**塩**、**黒胡椒**で下味をつける。
大根は皮を剥いて1cm角に切り、**塩**をまぶして10分ほどなじませる。しんなりしたら水気を絞る。

2

フライパンに**ごま油**を熱し、**豚肉**を中火で炒める。
肉に火が通ったら**大根**、**にんにく**、**生姜**を加えて炒め、香りが出てきたらⒶを加える。

3

汁気を飛ばすように混ぜながら中強火で炒め煮にし、**大根**に色がついたら火を止めてそのまま冷ます。冷めたら、10等分にする。

4

皮に**3**をのせ、春巻き状に包み、包み終わりは、**のり**(薄力粉と水を混ぜ合わせたもの)でとめる。

5

揚げ油を170℃に熱し、**4**をカリッときつね色に揚げる。

ザ・ハンバーグ

材料(1〜2人分)

Ⓐ
- 牛挽き肉 ……………………300g
- 塩 …………………………小さじ1/3
- 黒胡椒 ……………………適量
- 薄力粉 ……………………大さじ1/2

ピザ用チーズ ………………20g

【ワカモレ】
- アボカド ………………1/2個
- マヨネーズ ………………大さじ1/2
- レモン果汁 ………………小さじ1
- にんにく(すりおろし)……1/2片分
- 塩 ………………………小さじ1/3
- 黒胡椒 …………………適量

【野菜タルタル】
- 玉ねぎ(みじん切り) ……20g
- トマト(種ごとみじん切り) 1/2個
- 青唐辛子(みじん切り) …1本分
- マヨネーズ ………………大さじ1
- フレンチマスタード ………大さじ1

ハンバーグを2枚重ねて2種類のソースをトローリ……わかりますかね? 某ハンバーガーチェーンの「ダブルチーズバーガー」をイメージしてみました。薄く硬めに焼いたパテ、やみつきに(笑)

準備

【ワカモレ】をつくる。
アボカドは種を除き、果肉をスプーンでくり抜いてボウルに入れてつぶす。**マヨネーズ**、**レモン果汁**、**にんにく**を加え混ぜ、**塩**、**黒胡椒**で味を調える。

【野菜タルタル】をつくる。
ボウルに**玉ねぎ**、**トマト**、**青唐辛子**を入れて混ぜ、**マヨネーズ**、**フレンチマスタード**を加えて混ぜる。

つくり方

1

ボウルにⒶを入れて混ぜ合わせ、2等分にして平たい丸状に成形する。

2

フライパンを熱し、**1**を1枚、中強火で焼く。焼き色が付いたら返して両面を焼き、いったん取り出す。

3

もう1枚を同様に焼く。返したらすぐに**2**の**ハンバーグ**を重ね、上に**チーズ**をのせて蓋をして弱火で焼く。

4

チーズが溶けたら器に盛り、**ワカモレ**と**野菜タルタル**をかける。

おいしい酒肴《おつまみ》は白飯にも合う。

「ジャンク酒肴」の極意とは？

1　ニオイに遠慮しない。

2　好きなものを足し算しまくる。

3　イレギュラーと思しき、掛け算も大歓迎。

おつまみおかず　5

好きな野菜ベスト5

呑んでつまんで、つまんで食べて……を重ねて、いよいよ、この本も大団円。さっぱり酒肴、こってり酒肴、ストック酒肴、ジャンク酒肴の〆を飾るカテゴリーはなんだろう？　と、おおいに悩みました。そこで、ふと、いちばん好きな食材に思いを巡らせることに。うーん、やっぱり野菜が好きなんだなぁ。そこで、極めて個人的ではありますが、〝好きな野菜〟を挙げてみると……？

ベスト5はこのような結果に。それぞれの個性を存分に引き出すレシピをどうぞ。

まずは、ししとう炒め

第5位 ししとう

ししとうを好きな理由は、
調理するごとに変化する
バリエーションの豊かさ。
新進気鋭のボクサーって感じ。

ししとうおかか

まずは、ししとう炒め

材料（つくりやすい分量）

ししとう ………1パック
オリーブ油 ……大さじ2
おいしい塩 ……適量

つくり方

1

ししとうは竹串で数カ所、穴をあける。

2

フライパンに**オリーブ油**をしっかりと熱し、**ししとう**を強火で炒める。焼き色を付けるように炒め、少ししんなりしたら火を止める。

3

器に盛り、**塩**をかけていただく。

第5位
ししとう

ししとうおかか

材料（つくりやすい分量）

ししとう ……1パック
ごま油 ………小さじ1

Ⓐ 醤油 ……大さじ2
みりん …大さじ2
砂糖 ……小さじ1

削りがつお（ソフトパック）
…………1袋（4.5g）

つくり方

1
ししとうは竹串で数カ所、穴をあける。

2
フライパンに**ごま油**を熱し、**ししとう**を強火で炒める。
油が回ったらⒶを加え、炒め煮にする。

3
汁気が少なくなって軽くとろみがついたら、**削りがつお**を加える。
削りがつおに汁気を吸わせるようにざっと合わせ、火を止める。

青ねぎ、大好きなんです。
この“青いところ”、
薬味としても主役としても
キラリ輝く個性ですよね。

豚肉ねぎまみれ

青ねぎとホタテのぬた

第4位
青　ね　ぎ

材料(2人分)

豚バラ肉(焼き肉用)
………………150g

塩…………………小さじ1/3

黒胡椒……………適量

Ⓐ ポン酢 ………大さじ2
柚子こしょう…小さじ1/2
生姜(みじん切り)
…………1片分

ごま油 ……………小さじ1

青ねぎ(小口切り)
………………2/3袋分

つくり方

1

豚肉は**塩**、**黒胡椒**で下味をつける。

2

フライパンに**ごま油**を熱し、**豚肉**を強火で焼く。焼き色が付いたら返して両面を焼く。

3

2に火が通ったら取り出して、混ぜておいたⒶと合わせて混ぜる。

4

青ねぎをたっぷりと加えて和える。

豚肉ねぎまみれ

第4位

青ねぎ

青ねぎとホタテのぬた

材料(2人分)

青ねぎ……………… 1袋
ホタテ(刺身用) …… 3個

Ⓐ 白味噌 ………… 大さじ2
すし酢 ………… 大さじ1と1/2
薄口醤油 ……… 小さじ1
砂糖 …………… 小さじ1/2

つくり方

1
鍋に湯（分量外）を沸かし、**青ねぎ**をさっと茹でる。すぐに冷水にとり、水気を絞って5cm長さに切る。

2
ホタテはさっと湯通しし、すぐに氷水にさらす。しっかりと冷えたら水気を拭き取って半分に切る。

3
Ⓐを混ぜ合わせる。

4
器に1、2を盛って3をかける。

第3位
ナス

ナスの胡麻浸し

ナスと豚肉の濃厚味噌炒め

ナスって、油との
相性が本当によくって。
「脱いだらスゴインです」的
ポテンシャルを秘めてます。

材料（つくりやすい分量）

ナス……………………3本

Ⓐ かつお出汁 ………200ml
白練り胡麻 ………大さじ4
醤油 ………………大さじ3
砂糖 ………………小さじ2
塩 …………………小さじ1/3

揚げ油…………………適量

青じそ（千切り） ……3枚
茗荷（小口切り） ……1個

ナスの胡麻浸し

つくり方

1

ナスは縦に半分に切り、皮目に細かく斜めの切り込みを入れる。

2

揚げ油を180℃に熱し、**ナス**の皮目を下にして入れて揚げる。やわらかくなったら取り出し、油を切る。

3

Ⓐを混ぜ合わせる。

4

器に**ナス**を盛り、**3**をかける。**青じそ**、**茗荷**をのせる。

第3位
ナス

ナスと豚肉の濃厚味噌炒め

材料(2〜3人分)

ナス……………………………4本(400g)
豚こま切れ肉 ……………150g
塩…………………………………小さじ1/4

Ⓐ 八丁味噌 ……………大さじ2と1/2
酒 ……………………………大さじ2
砂糖 …………………………大さじ1と1/2
醤油 …………………………大さじ1
みりん ……………………大さじ1
生姜(すりおろし)……1片分

ごま油 ………………………大さじ1/2
白炒り胡麻 ………………適量

つくり方

1
ナスはヘタを取って皮を剝き、1本ずつラップで包む。600Wの電子レンジで4分加熱し、やわらかくなったらラップを外し冷水にさらす。

2
ナスの水気をしっかりと拭き取り、6等分に手で割く。

3
豚肉は**塩**で下味をつける。

4
Ⓐを混ぜ合わせる。

5
フライパンに**ごま油**を熱し、**豚肉**を強火で炒める。
豚肉に半分ほど火が入ったら、**ナス**を加えて炒める。

6
豚肉に完全に火が通ったら、**4**を回し入れて炒め合わせる。

7
器に盛って**白炒り胡麻**をかける。

つまみ菜ムル

つまみ菜のお椀

つまみ菜の食感が
たまらなく好きなんです。
森で芽吹いたような、
“若さ”がみなぎっていて。

第2位
つまみ菜

つまみ菜のお椀

材料(つくりやすい分量)

つまみ菜……………………………1袋
鶏もも肉(こま切れ)………………100g

Ⓐ 水…………………………………400ml
酒…………………………………大さじ1
鶏がらスープの素(ペースト)…小さじ1/4
生姜(薄切り)……………………2枚

片栗粉、水…………………………各小さじ2

塩……………………………………小さじ1/3
黒胡椒………………………………適量

つくり方

1
鍋に湯(分量外)を沸かし、**つまみ菜**を茹でる。
つまみ菜についた汚れを落とすように菜箸でかき混ぜながら、15秒茹でて冷水にとる。
しっかりと冷えたら水気を絞り、1.5cm長さに切る。

2
小鍋にⒶを入れて強火にかける。
煮立ったら**鶏肉**を加え、蓋をして中弱火で10分ほど煮る。

3
片栗粉と**水**を溶き合わせる。

4
2の味を見て、**塩**、**黒胡椒**で調えて**3**でとろみをつける。

5
つまみ菜を加え、ふわっと混ぜながらひと煮立ちさせる。

第2位 つまみ菜

つまみ菜ムル

材料(1人分)

つまみ菜……………………1袋

Ⓐ レモン果汁 …………大さじ1/2
薄口醤油 ……………小さじ1
ごま油 ………………小さじ1/2
生姜(すりおろし)……1/2片分

つくり方

1

鍋に湯（分量外）を沸かし、**つまみ菜**を茹でる。
つまみ菜についた汚れを落とすように菜箸でかき混ぜながら、15秒茹でて冷水にとる。
しっかりと冷えたら水気を絞り、1.5cm長さに切る。

2

ボウルにⒶを合わせ、**つまみ菜**を加える。
よく混ぜ合わせて器に盛る。

第1位 オクラ

オクラのメンチカツ

オクラの出汁浸し

食感・香り・粘りが最高で。
酔うと陽気になる、
親戚のオジサンのような、
愛らしい存在です。

オクラの メンチカツ

材料(5個分)

オクラ ……………………10本

A 豚挽き肉 …………150g
中濃ソース ………大さじ1
薄力粉 ……………大さじ1/2
塩 …………………小さじ1/4
黒胡椒 ……………適量

たまご ……………………1個
薄力粉……………………大さじ2
生パン粉…………………適量
揚げ油……………………適量

中濃ソース ……………適宜

つくり方

1

オクラはガクの部分を削る。
縦に半分に切り、4～5mm幅に切る。

2

オクラ、Aをボウルに入れて粘りが出るまでよく混ぜ、5等分にする。

3

たまごと**薄力粉**を混ぜ合わせ、**バッター液**をつくる。

4

2を丸く成形し、**バッター液**にくぐらせて**生パン粉**をつける。

5

揚げ油を180℃に熱し、**4**を揚げる。
カリッときつね色に揚がったら取り出し、油を切って器に盛る。

6

そのままでもおいしいが、好みで**中濃ソース**をかけてもよい。

第1位 オクラ

オクラの出汁浸し

材料（つくりやすい分量）

オクラ ……………… 10本

Ⓐ かつお出汁 … 200ml
酒 ……………… 大さじ1
薄口醤油 …… 大さじ1/2
みりん ……… 大さじ1/2
塩 ……………… 小さじ1/2

酢 ………………… 大さじ2

つくり方

1

オクラはガクの部分を削る。塩少々を入れた熱湯（分量外）で30秒茹で、すぐに氷水にとってよく冷やす。
しっかりと水気を拭き取る。

2

小鍋にⒶを入れて中火にかける。
塩が溶けたら火を止めてそのまま冷まし、しっかりと冷めたら**酢**を加える。

3

2に**オクラ**を漬ける。冷蔵庫で味をなじませる。

美しい「下ごしらえ」の世界

小さいときから、千切り、みじん切りが大好きでした。習慣なのかもしれませんが、こうした野菜の下ごしらえをきちんとすることが「おいしさ」につながっていると実感しています。細く、細かく、均一に……は大変かもしれませんが、手をかけたことは必ず報われますから、ね。

栗原心平　くりはらしんぺい

1978年生まれ。一児の父。料理家・栗原はるみの長男であり、「ゆとりの空間」代表取締役社長。幼いころから得意だった料理の腕をいかし料理家として活躍。『男子ごはん』（テレビ東京系列）レギュラー出演中。著書に『栗原心平のたまごはん』（山と溪谷社）などがある。公式YouTube「ごちそうさまチャンネル」にておつまみレシピを配信中。

撮影	寺澤太郎
調理アシスタント	高橋まりあ（ゆとりの空間） 小高芳治（ゆとりの空間）
撮影協力	ゆとりの空間 UTSUWA
装幀・DTP	美柑和俊＋MIKAN-DESIGN
校閲	平凡社校閲部
編集・文	山﨑真由子
編集	下中順平（平凡社）

おいしい酒肴《おつまみ》は白飯にも合う。

発行日 ―――――― 2020年10月23日　初版第1刷

著者 ―――――― 栗原心平

発行者 ―――――― 下中美都

発行所 ―――――― 株式会社平凡社
東京都千代田区神田神保町3-29　〒101-0051
電話　(03) 3230-6579［編集］
　　　(03) 3230-6573［営業］
振替　00180-0-29639

印刷 ―――――― 株式会社東京印書館
製本 ―――――― 大口製本印刷株式会社

ISBN978-4-582-63227-9　NDC分類番号596　A5判（21.0cm）　総ページ128
平凡社ホームページ　https://www.heibonsha.co.jp/